Der Clown in dir

Lustige Fotokollagen zum Mitmachen

von Ernst J. Kiphard.

Grafisch gestaltet von
Hans J. Pade

Fackel träger

Bildnachweis

Hans J. Pade: Seiten 4, 6, 7, 9–11, 13, 15–19, 24, 25, 28–31, 33, 37, 44, 45, 56, 57, 69–71, 76, 77, 79, 92, 93, 95, 97, 102, 107, 122–125, 127
Ingrid Kiphard: Seiten 12, 21–23, 40, 41, 47–49, 52, 53, 58–60, 65, 72–74, 80, 81, 83, 110, 115–120
Jürgen Kling: Seiten 38, 39, 54, 55, 75, 78, 88, 91, 121
Rolf Plehn: Seiten 34, 35, 68–71, 86

CIP-Kurztitelaufnahme
der Deutschen Bibliothek

Kiphard, Ernst J.:
Der Clown in dir:
lustige Fotokollagen zum Mitmachen/
von Ernst J. Kiphard.
Graf. gestaltet von Hans J. Pade.–
Hannover: Fackelträger, 1986.
ISBN 3-7716-1465-1

NE: *Pade, Hans J.:*

Druck: Hildesheimer Druck- und Verlags-GmbH, Hildesheim
Printed in Germany 1986
ISBN 3-7716-1465-1

Inhalt

E r k l ä r u n g

Hierdurch erkläre ich, daß alle in diesem Buch gezeigten Köpfe und Gesichter - auch wenn sie noch so blöd aussehen - meine

Ähnlichkeiten mit lebenden, verstorbenen oder noch geboren werdenden Personen sind rein zufällig ...

Einige Worte im voraus

Dieses Schmunzelbilderbuch für Erwachsene ist eine Aufforderung zum Mitmachen. Ohne eigenes Probieren, zumindest ohne eine offene Neugierde für das, was hier mit und durch die Clownfigur ausgesagt wird, geht es nicht. Eine lediglich abwartende, nüchtern neutrale Geisteshaltung ermöglicht keine Eigenerfahrung in Sachen Humor. Das Herz muß dabei sein. Die Sprache des Humors ist die Sprache des Herzens. Komik und Clownerie, um die es hier geht, erschließen sich uns erst durch subjektive Erfahrung. Man muß sich der komischen Figur Clown auch innerlich, vom (Mit-) Gefühl her, annähern, will man sich dabei selber etwas näher kommen.

Uns, d. h. mir, dem ehemaligen und Immernoch-Clown und meinem grafischen Clownpartner kam es am Anfang gar nicht in den Sinn, ein Buch zu machen. Wir trafen uns hin und wieder. Dabei wühlten wir zunächst ganz nebenbei in meinen unzähligen Fotos. Irgendwie muß uns dann wohl der Spieltrieb gepackt haben. Denn wir befanden uns bald mitten im fröhlichen Fotobasteln. Mit Schere, Klebstoff und einer Menge unaufhaltsam sprudelnder Ideen stellten wir die verrücktesten Fotomontagen mit und um den CLOWN JONNY her. Wie gesagt, zunächst rein „aus Spaß an der Freud".

Dennoch ist – ohne daß wir es eigentlich merkten – aus den anfänglich übermütig blödelnden Fotoschnibbeleien mit der Zeit eine immer strukturiertere, wenn auch stets überschwenglich improvisierende schöpferische Ausgestaltung entstanden. Es war für uns beide mehr als eine Freizeitbeschäftigung geworden, nämlich ein tief beglückendes Abenteuer. Dabei merkten wir bald, daß diese Art der exzentrisch-kabarettistischen Ausdrucksgestaltung ein hervorragendes Mittel gegen geistig-seelische Verarmung und Verklemmung, gegen die Humorlosigkeit und Verkopfung unserer Zeit darstellt. Humor ist eine durchaus ernst zu nehmende Sache!

Diese positive Erfahrung wollten wir keinesfalls für uns behalten. So wurde die Idee zu diesem Fotoband geboren. Möge er nicht nur Anlaß zum Schmunzeln sein, sondern vor allem vielfältig zur Nachahmung anregen. Erste zögernde Versuche werden sehr bald den Beweis erbringen, daß der Mensch viel mehr als nur ein einziges Gesicht hat...

HALTEN SIE MAL DIE KLAPPE!

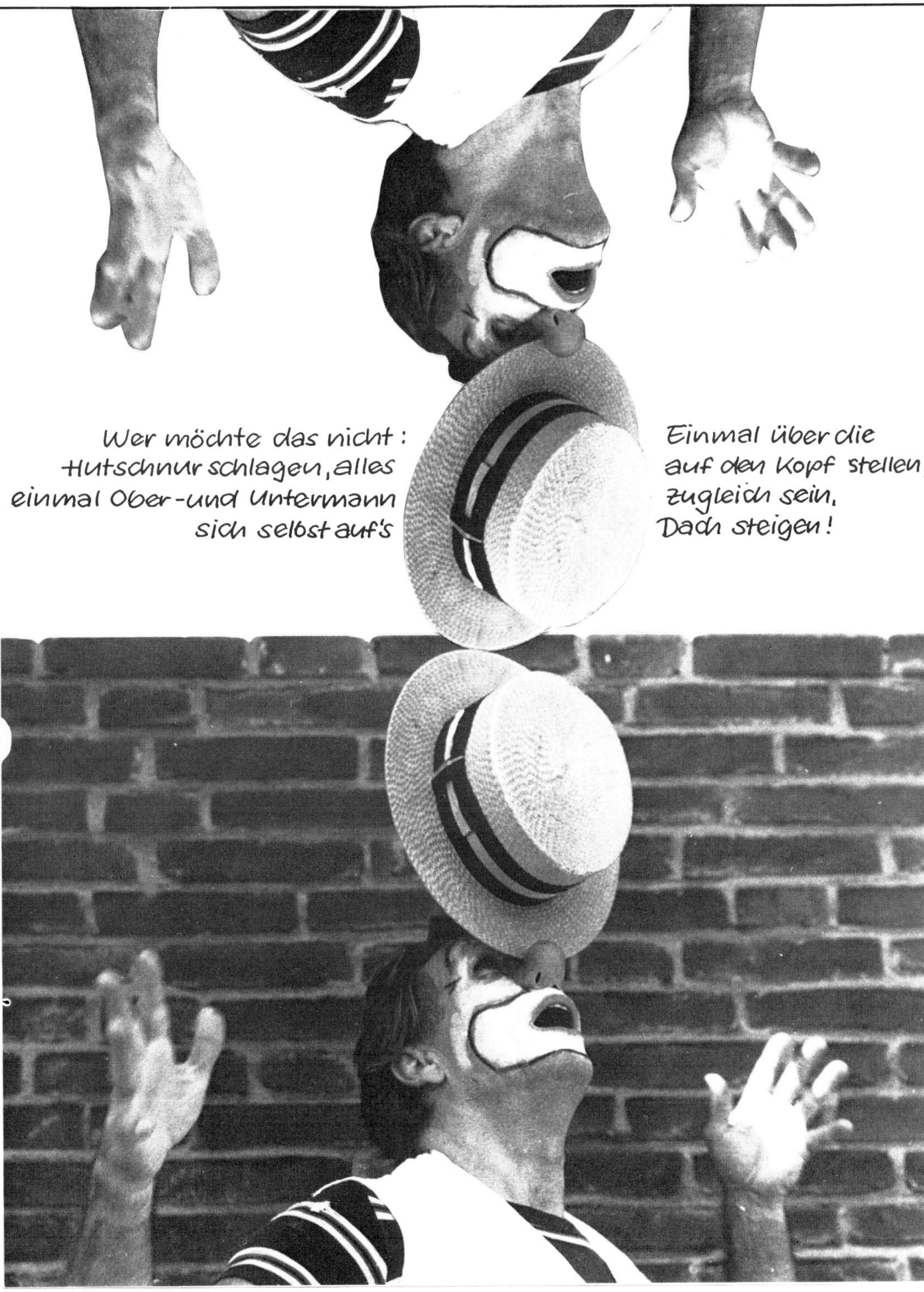

Wer möchte das nicht: Einmal über die
Hutschnur schlagen, alles auf den Kopf stellen,
einmal Ober- und Untermann zugleich sein,
sich selbst auf's Dach steigen!

Bittesehr, aber Vorsicht: Viel üben, immer wieder trainieren,
die Seele hat ein empfindliches Gleichgewicht!

Vom Wesen des Clowns

Was hat es auf sich mit der Figur des Clowns? Ist der Clown ein bloßer Spaßmacher, ein dummer August, ein närrischer Schmierenkomödiant? Oder ist er ein seltsam verkleideter tragikkomischer Held, ein lachender Bajazzo, dem das Herz blutet?

Wahrscheinlich keines von beiden. Seine Existenz leitet sich eher aus der Notwendigkeit ab, der viel zu nüchternen und versachlichten Welt der Erwachsenen etwas anderes entgegenzusetzen. Dabei stellt das schillernd Überschwengliche, das kindlich Naive, ja magisch Wundergläubige der Clownfigur wohl ein Gegengewicht dar gegen den scheinbar alles beherrschenden Verstand. Es ist fast so, als ob der Clown unser besseres, unser unterdrücktes Ich in uns wachrufen will. Warum sonst würde er wie ein großes Kind unbekümmert gegen jede Vernunft und Logik der Erwachsenenwelt anrennen?

Irgendwo trägt jeder von uns Relikte aus der Kindheit mit sich herum, schmerzliche Erinnerungen an unüberbrückbare Konfrontationen mit den allwissenden, übermächtigen Eltern, aber auch Ahnungen von einem unwiederbringlichen Einssein mit sich selbst und der Welt, von einem Traumparadies, aus dem wir viel zu früh vertrieben wurden. All das versucht der Clown für uns zurückzuerobern. Er hat es fertig gebracht, Kind zu bleiben. Er hat die Einheit bewahrt zwischen Fühlen und Handeln. Und er möchte uns zeigen, wie wir den Clown in uns aus seinem Sklavendasein, aus dem Kellerverlies unserer Seele wieder befreien können.

Wir identifizieren uns nur allzu gern mit diesem klamottigen Unikum. Wir lachen über seinen aussichtslos erscheinenden Kampf gegen all die vielen Hindernisse und Tücken seiner Umwelt. Und wir merken gar nicht, daß er uns unsere eigenen Unzulänglichkeiten vorspielt. So sehen wir im Clown den Bundesgenossen, auf den wir unbewußt all unsere Mißerfolge und enttäuschten Hoffnungen abwälzen können. Der Clown fühlt sich keiner Moral verpflichtet, ja er setzt sich sogar – wie das auch spielende Kinder tun – über den Tod hinweg. Er behält sich jederzeit vor, im übermütigen Spiel wieder von den Toten aufzuerstehen. Und so bleibt er letztlich doch Sieger – allerdings immer in der Gefahr eines erneuten unbedachten Fehltrittes.

Vom
Wesen
des Clowns

Der Clown hält uns einen Spiegel vor.
Und obwohl wir darin unsere eigenen
Unzulänglichkeiten entdecken,
zerbrechen wir ihn nicht voll
ohnmächtiger Wut - statt dessen
lächeln wir nach- sichtig.
Denn wir
erkennen im
lachenden
und weinen-
den Clown
unseren
Verbünde-
ten und
fühlen uns
ihm
herzens-
verwandt.

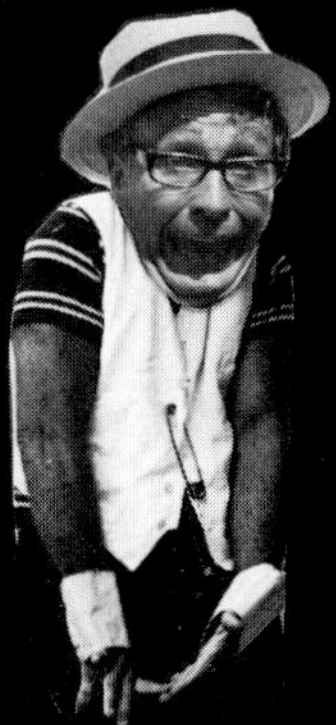

Ich bin ein Clown

Ich bin ein Clown, mit Pauken und Trompeten,
Mit roter Nase, weißgeschminktem Kinn;
Noch lauthals lachend, schweige ich betreten
Und frage nach des grellen Witzes Sinn.

Ich bin ein Clown und möchte persiflieren,
Ich nehme andre Leute gern aufs Korn.
Ganz ohne Angst vor noch so großen Tieren
Streck ich die Kodderschnauze weit nach vorn.

Ich bin ein Clown mit beißend weisen Munde;
Die Narrenfreiheit gibt mir frechen Mut!
Doch selbst beim Beißen lächle ich im Grunde
Und sage nur: Der Mensch ist schlechthin gut.

Ich bin ein Clown von Gottes eignen Gnaden,
Laß an mir selbst kein ungekrümmtes Haar.
Ich weiß, bei allen großen Clowntiraden,
Daß immer ER, nicht ich, Direktor war.

So bleib ich Clown, mit Pauken und Trompeten,
Mit roter Nase, weißgeschminktem Kinn.
Und muß ich einst aus der Manege treten,
Dann schmeiß ich gern den ganzen Krempel hin!

Dann geh ich still, wer weiß in welche Weiten,
Ganz ohne Nase, ohne weißes Kinn,
Und lächle ob der Erde Nichtigkeiten,
Wo ich einmal der Clown gewesen bin .....

Vom Sinn des Unsinns

Gibt es etwas menschlich Befreienderes, als herzhaft zu lachen? Sind es nicht Unsinn und Unlogik, die einen eigenartigen Reiz auf uns ausüben? Auf uns, die wir gewöhnt sind, alles was wir sehen und hören in unser überaus logisches, rational bestimmtes Weltbild einzuordnen. Wo Vernunft regiert, da muß alles stimmen. Alles hat gefälligst schön ordentlich an seinem Platz zu sein. Und nun kommt da so ein unbekümmert blödelnder Spaßvogel daher und bringt Unordnung in unsere festgelegten Vorstellungen und gewohnten Denkweisen. Übermütig rüttelt er an den Mauern des Althergebrachten. Er verdreht und verwechselt munter Worte, Begriffe und Erscheinungen und mischt alles gerade so, wie es ihm in den Sinn kommt. Da wird der Schmetterling zum Schletterming oder Metterschling. Da steht mitten im Sommer ein lamettaschwerer Weihnachtsbaum hilflos am Strand zwischen Sonnenanbetern und Badenden. Da schreibt und adressiert einer Postkarten an sich selbst. Oder er steht bei strömendem Regen mit Schwimmflossen und Tauchermaske vor irgend einer Haustür und fragt den verdutzt Öffnenden nach dem nächsten Leuchtturm.

Wie kommt es, daß wir – wenn wir nur ein Fünkchen Humor haben – darüber zumindest schmunzeln, wenn jemand etwas Unsinniges, etwas ganz Verrücktes tut? Etwas, das kein vernünftiger Mensch tun würde. Etwas, das man logischerweise nicht erwartet. Ja, im Grunde ist es gerade das Überraschungsmoment, statt etwas Erwartetem plötzlich etwas völlig Unerwartetes, Unpassendes vorzufinden, was unseren Sinn für das Komische anspricht und unser Zwerchfell kitzelt. Hier prallen zwei Welten aufeinander: eine fest gefügte, tradierte So-muß-es-sein-Welt und eine Welt der kecken Eulenspiegeleien, wo alles nur so aus Jux fröhlich durcheinandergebracht wird.

In diesem Sinn sind auch die übermütig clownischen Fotomontagen und Collagen in diesem Buch zu verstehen: Einmal vorbeidenken an gewohnten Denkmustern, einmal etwas Anti-Logisches tun, einfach Unsinn produzieren. Das haben wir hin und wieder alle einmal nötig...

Bevor man aus sich herausgehen kann, muß man in sich gehen. Angst? Nur Mut, das schlimmste, was passieren kann, ist doch, daß es in die Hose geht. Und da kriegen wir es auch wieder heraus!

Aussteiger

Wer hätte noch nicht von ihnen gehört: Auf einem stillgelegten Abschnitt der Strecke »Klein-kleckersdorf-Pusemuckel« wurde jetzt Europas erstes Training Center für Aussteiger eröffne

ier sehen wir einen der Teilnehmer bei der soge-
annten 3-Phasen-Übung, die es bereits Anfängern
-möglicht, die eingefahrenen Geleise nach kurzer
ist zu verlassen. Das Projekt wird von der Bundes-
ahn unterstützt, die auf diese Weise aus den roten
ahlen kommen will. (D-Austeiger zahlen Zuschlag)

Pantomimen Sie mal

Am Anfang war die Pantomime. Als Körpersprache, Mimik und Gestik ist sie wohl das älteste menschliche Kommunikationsmittel überhaupt. Pantomimisch können wir auch ohne Sprache Gefühltes und Gedachtes einander mitteilen. Wir Erwachsenen haben aber vielfach verlernt, unseren Körper als Instrument des Gefühlsausdrucks zu gebrauchen. Die meisten kommen über symbolische Handbewegungen, erstarrte mimische Masken, gekünstelte Posen und zweckdienliche Attitüden nicht hinaus, die ihrem Rollenideal entsprechen. Dagegen verfügt das unverbildete Kind noch über ein unerschöpfliches Ausdrucksrepertoire. Sein Gebärdenreichtum zeugt von spontaner Ursprünglichkeit und von der Tiefe der Gefühlserlebnisse. Das Kind ist der eigentliche Lehrmeister des Clowns und Pantomimen. So sind Kinder und Clowns Rebellen gegen die von Erwachsenen aufgestellten rigiden Normen der Wohlerzogenheit. Wenn sie sich unbeobachtet fühlen, dann strecken sie – wie Kramberg in seinem Buch „Der Clown" treffend bemerkt – „ der blinden Vernunft der Erwachsenen kühn die Zunge heraus. Nur dem Clown ist erlaubt, was man den Kindern rechtzeitig abgewöhnt: die Pantomime des Unsinns."

Wissen Sie noch, wie Sie sich als Kind im Rollenspiel spontan in eine andere Person verwandelt haben? Warum spielen wir heute nicht mehr „Theater", „Zirkus" oder „Räuber und Gendarm"? Nur in der Karnevalszeit ist es uns erlaubt, in eine andere Rolle zu schlüpfen. Da können wir wenigstens für ein paar Tage den ganzen angestauten seelischen Ballast im übermütigen Rollenspiel über Bord werfen. Warum tun wir es dann nicht mehr, wenn der ganze Faschingsrummel vorbei ist? Gewiß, man schämt sich in der Öffentlichkeit, wo alles wieder gesittet und „normal" vor sich geht. Aber irgendwo für sich allein, zuhause, da blödelt sich gottlob noch mancher seine Neurose vom Leibe, indem er in der Clownrolle seine seelischen Stauungen, Spannungen und Konflikte pantomimisch zum Ausdruck und zur Lösung bringt. Die folgenden Bildreihen sollen eine Aufforderung sein, wenigstens bitte einen Versuch zu unternehmen, sich im Gewande des klassischen Pantomimen mit weißem Gesicht in ein paar irren Posen fotografieren zu lassen.

Pantomimen sind wie Luftschlösser:
Ihre Illusionen zerplatzen wie Seifenblasen, wenn man danach greift...

Der Pantomime ist ein
lautlos dahinhuschender
Traumtänzer des Lebens.
Er erschafft sich seine eigene Welt -
eine Welt, in der es noch Staunen
und Wunder gibt.

Clown und Kind

Es besteht eine eigenartig verknüpfende Wesensverwandtschaft zwischen dem tolpatschigen Erwachsenen mit der roten Nase und den großen Schuhen und seinen jungen Zuschauern, den Kindern. Clown und Kind sind Verbündete. Sie leiden beide an zahllosen Schwächen und Unzulänglichkeiten, am Nicht-Erwachsen-Sein. Die Erwachsenen erscheinen ihnen allwissend und übermächtig. Kinder sind nun mal die Kleinen, die sich zu fügen haben. Dabei hegen Clown und Kind den gleichen unerfüllbaren Wunsch: einmal den allmächtigen Erwachsenen, ja der erwachsenen Autorität schlechthin ein Schnippchen zu schlagen, sich ihnen zu entziehen, um endlich einmal etwas Verbotenes zu tun. So versucht der dumme August immer wieder, den rational überlegenen Weißclown auf irgend eine Weise auszutrixen, genau wie der Kasper das mit dem Polizisten versucht. Und jedesmal identifiziert sich das Kind mit diesen gegen die Obrigkeit rebellierenden, trickreichen Spaßmachern.

Bis zum Alter von etwa vier Jahren ist diese Identifikation so vollständig, daß ein solches Kind herzzerreißend weint, wenn der Clown weint. Erst das Vorschulkind besitzt trotz aller spontanen Zuneigung jenen kritischen Abstand, der ihm eine sympathisierende Anteilnahme ermöglicht. Bei ihm kann sich die ganze Palette des humorvollen Mitschwingens – vom vergnüglichen Schmunzeln bis zum befreienden Lachen – entfalten. Und selbst in seiner lauthalsen Fröhlichkeit oder im schadenfrohen, überlegenen Grinsen fühlt sich das Kind dem Clown verbunden. Ja es erkennt in seinem schier aussichtslosen Kampf gegen die Tücke des Objekts seine eigenen Mängel und Begrenzungen wieder.

Die Kommunikationsmittel zwischen Clown und Kind sind direkt und bedürfen im allgemeinen keiner vielen Worte. Sie verständigen sich auf pantomimischer und mimischer Ebene. Die übertriebenen Gesten und mimischen Gefühlsäußerungen des Clowns versteht das Kind auf Anhieb. Auch er trägt, wie das Kind, sein Herz auf der Zunge. Sein Handeln wird vom Gefühl, und nicht vom Verstand bestimmt. Und beide geraten in ihrer unbekümmert unlogischen Wundergläubigkeit immer wieder an die Grenzen einer unnachgiebig zweckhaften Verstandeswelt.

Auch ein Clown kommt nicht gleich als **Clown** auf die Welt:

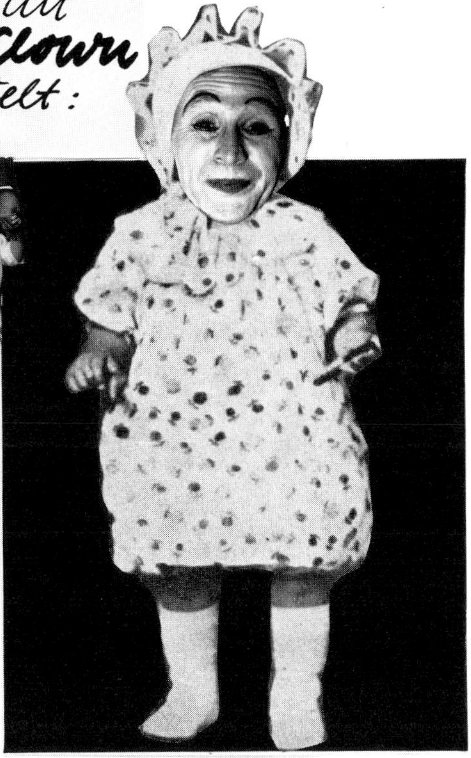

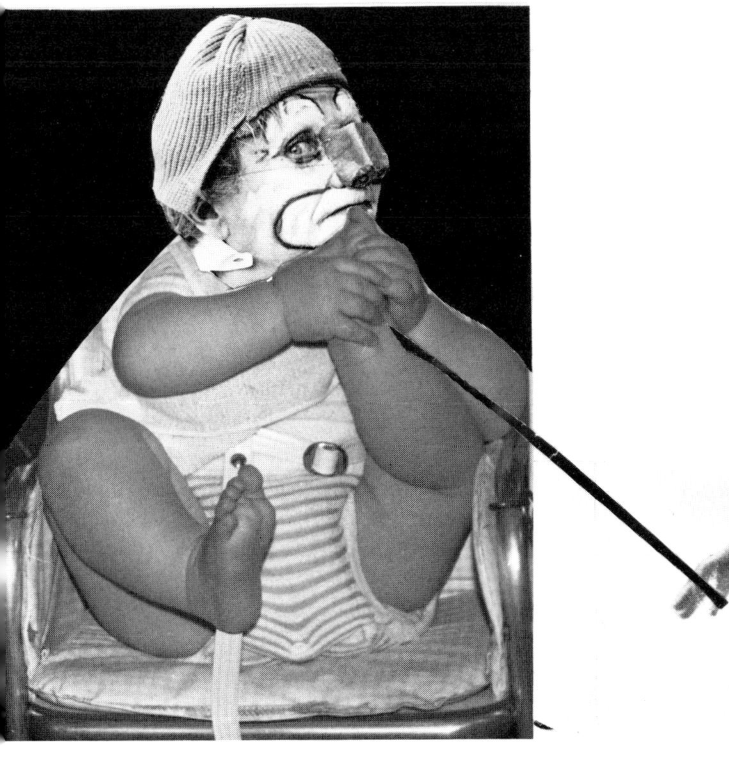

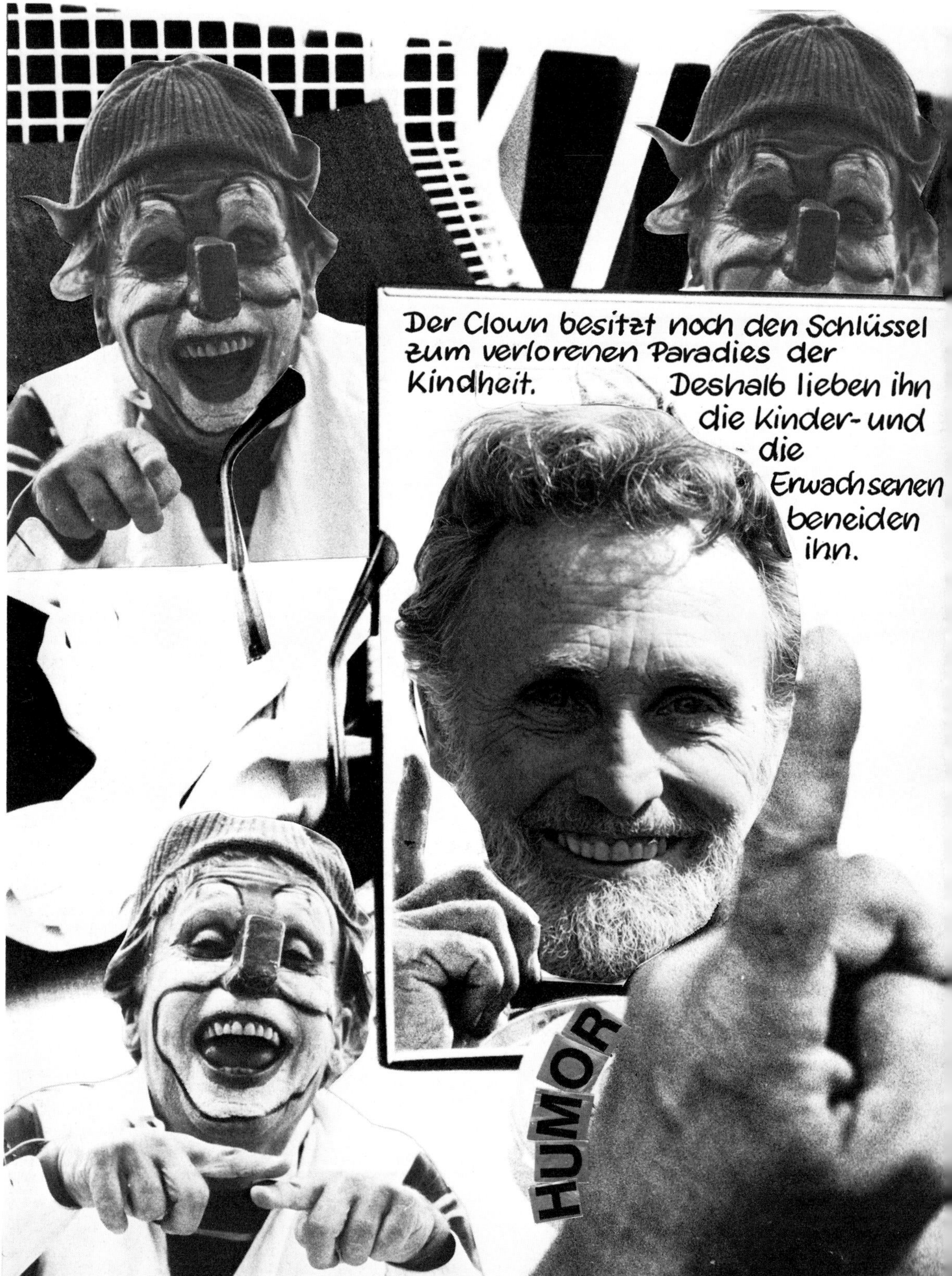
Der Clown besitzt noch den Schlüssel zum verlorenen Paradies der Kindheit.
Deshalb lieben ihn die Kinder- und die Erwachsenen beneiden ihn.
HUMOR

Der Clown hat viele Gesichter

Wenn man an einen Clown denkt, so hat man meist nur das tolpatschige, klamottige Unikum aus zahlreichen Zirkusvorstellungen vor Augen. Es zeigt sich in schreiend grellen Farben und bringt die Zuschauer durch grobe Holzhammer-Komik zum Lachen.
Nun, das ist nur eines der Gesichter des Clowns. In den USA tritt er gern in der Kostümierung des Tramps auf. Wir kennen den französischen Pierrot, den italienischen Harlekin, den Bajazzo, der im Deutschen zum Pojatz wurde, den Hanswurst und den dummen August. Auch der Kasper ist eine Puppenfigur mit allen Attributen des Clowns.
Der Clown als Urbegriff, als Sinnbild des Spaßmachers reicht aber noch viel weiter. Er entwickelt sich und wandelt sich ständig. Mal zeigt er sich als Charlie Chaplin, mal als Karl Valentin. Denn fraglos ist der pedantisch wortklaubende Karl Valentin genau so Clown wie der langsam-umständliche Emil Steinberger oder der wandlungsfähige, alles und alle persiflierende Peter Ustinov, um nur einige zu nennen.
Wandlungsfähigkeit, das mag das Stichwort sein für das Anliegen dieses Fotobuches. Der Lebensclown, von dem hier die Rede ist, steckt in jedem von uns. Er wartet darauf, geweckt zu werden, um — wenigstens fotografisch — sein Unwesen zu treiben. Er will nicht verletzen, aber er will rebellieren, brüskieren, schokkieren aufrütteln — und vielleicht auch ein wenig betroffen machen.
Der Clown in uns ist im Grunde unbestechlich. Er ist grundehrlich. Er wendet sich gegen alles Unechte, Gekünstelte, Aufgesetzte und nimmt es erbarmungslos aufs Korn. Bestimmt wird man den einen oder anderen Zeitgenossen in den Fotospäßen dieses Buches wiedererkennen: den kleinen Möchte-gern-Playboy, den distingiert Vornehmen in seiner affektierten Art, die Umwelt zu bluffen, die Dame von Welt, die nur Halbwelt ist. Jeder möchte imponieren. Aber schon ein einziges Gramm zuviel an Eitelkeit, eine übertriebene Geste, ein übersteigertes Bedachtsein auf Würde bringt den Betreffenden nur allzu leicht an die Schwelle der Lächerlichkeit. Vielleicht sind wir selbst davon nicht ausgenommen. Der Clown in uns soll ein bißchen helfen, daß wir uns auch über uns selbst amüsieren können — und nicht nur über andere...

EIN CLOWN
hat viele
Gesichter!

Sein Urahn war PAN

Sehnsucht nach dem anderen Ich

Wieviele von uns tragen seit ihrer Kindheit den Wunsch mit sich herum, einmal im Leben Clown zu sein, einmal alle Fesseln zu sprengen und sich in ein anderes Ich zu verwandeln, ein freieres, fast metaphysisches Ich, das alle bisherigen Erfahrungen mit Leichtigkeit überschreitet. Geht es Ihnen etwa auch so? Warum erfüllen Sie sich diesen Traum nicht? Der nächste Karneval oder Fasching gibt Ihnen Gelegenheit dazu. Aber Sie dürfen ruhig schon vorher üben, wie man sich in einen Clown verwandelt.

Kaufen Sie sich gleich morgen einen Schminkkasten. Dann kostümieren Sie sich nach Ihren eigenen Vorstellungen und setzen sich in aller Ruhe vor einen Spiegel in Positur.

Das, was jetzt kommt – die sichtbare Wandlung zum Clown –, ist ein höchst bedeutsamer kreativer Akt. Lassen Sie sich deshalb durch nichts, aber auch durch gar nichts ablenken. Greifen Sie, nachdem Sie sich vorher das Gesicht mit Abschminke oder Vaseline eingekremt haben, mutig in den Farbtopf und tragen Sie weiß und rot ganz nach Fantasie auf. Ein schwarzer Augenbraunstift grenzt abschließend die verschiedenen Farbflächen konturenscharf gegeneinander ab. Haben Sie dann noch eine Clownnase zur Hand, so ist die Verwandlung schon gelungen. Schauen Sie sich jetzt sehr genau im Spiegel an: Das sind nicht mehr Sie selbst, der Sie da mit seltsamen großen Augen unverwandt anschaut...

Diese plötzliche Wandlung hat für jeden, der es ausprobiert, etwas Überwältigendes an sich. Kaum jemand vermag sich dieser Faszination zu entziehen. Es ist wie eine neue Entdeckung: Man ist mit einem Schlag aus seiner eigenen Person und damit aus dem gewohnten Verhaltensmuster herausgetreten. Aber man fällt damit erstaunlicherweise nicht in eine Ungewißheit und Unsicherheit. Man erlebt im Gegenteil eine nie gekannte Sicherheit und Freiheit – eben die vielgerühmte Narrenfreiheit. Sie ist gerade auch für Frauen, deren tradierte Geschlechtsrolle clownisches Benehmen jahrhundertelang verboten hatte, eine ungewohnte, aber äußerst beglückende Lebenserfahrung.

Wie man ein Clown wird...

Die Clownmaske als Selbstschutz

Der Clown treibt seine Späße über die Tragik des menschlichen Daseins. Doch er tut dies keineswegs, um die menschliche Unzulänglichkeit in einer krankmachenden Umwelt zu verspotten, sondern um damit leben zu können. So versucht er auf seine Art der lebensbedrohenden Unsicherheit in einer zerbrechlichen Welt zu begegnen, indem er sich die Narrenkappe überzieht und sich darin versteckt wie in einer Tarnkappe, die ihn unverwundbar macht bei seinen vielen unzulänglichen Versuchen, das Unzulängliche dieser Welt handelnd zu überwinden.

Clownerie ist in diesem Sinne ein Mittel zum Selbstschutz, zur Selbstverteidigung. Und da Angriff das beste Mittel zur Verteidigung ist, schlüpft der Schwache in die Rolle des Spaßmachers, dem man seine Aggressivität nicht übelnimmt, da sie sich lediglich gegen die Welt an sich, nicht aber gegen den Menschen richtet. In seiner indirekten Form des Angriffs liegt seine Unverwundbarkeit begründet. Seine Waffen sind Witz, Humor und Lachen. Aber auch dem Lachen wohnt etwas versteckt Aggressives inne. So ist der Clown einem Scharfschützen vergleichbar, der laut seine Unschuld beteuert (Kris). Oder wie es in Shakespeares „König Lear" heißt: „Er gebraucht die Narrheit wie ein Versteck, aus dem er den Verstand abschießt."

Daß die von Humor triefenden Pfeile des Spaßmachers oft genau ins Schwarze treffen, belegen die überlieferten Geschichten der mittelalterlichen Hofnarren. Ein Narr, ein Clown vermag jemandem die Wahrheit zu sagen, ohne den Betroffenen dabei zu verletzen, weil dieser zunächst gar nicht erkennt, daß er persönlich gemeint ist. Das liegt vor allem daran, daß der Clown seine oft gefährlich spitzen Worte in einer gefälligen, mit allerhand ablenkenden Schnörkeln verzierten Verpackung überreicht. Er redet quasi in Gleichnissen. Das macht ihn unangreifbar.

Auch Kinder schlüpfen in die Clownrolle, wenn sie merken, daß sie unterlegen sind. Sartre sagt in seiner Autobiographie: „Ich war ein Hampelmann, ein Clown, ein Grimassenschneider... Wenn ich heute an diese Grimassen zurückdenke, so verstehe ich, daß sie meinen Sebstschutz bedeuteten."

Der Clown benützt seine Maske
als eine Art Selbstschutz
für seine empfindsame
und verwundbare Seele.

Der Clown appelliert ans Herz, nicht an den Verstand.
Im Clownparadies herrscht noch der Urzustand der Narrenfreiheit, den wir "Normal"-Menschen nur zur Karnevalszeit ein wenig nachzuholen trachten.

Er ist ein Idealist, der mit Humor eine Brücke zu schlagen versucht zwischen der harten Lebensrealität und einer kindlich guten Idealwelt, die er in seinem Herzen trägt.

Verändere dein Äußeres

Als wir noch Kinder waren, liebten wir Verkleidungsspiele. Ist es nicht ein eigenartig prickelnder Reiz, in das Gewand eines anderen hineinzuschlüpfen? Es ist, als ob man in eine andere Haut schlüpft, sich in einen anderen Menschen verwandelt. Wer erinnert sich nicht an solche Gelegenheiten damals als Kind? Da verkleidete man sich mit Röcken, Hüten und Schuhen aus Omas Schrank in eine vornehme Dame oder in einen wilden Räuber. Nun sind wir erwachsen; und da tut man so etwas natürlich nicht mehr.

Probieren Sie doch einmal aus, wie die Leute reagieren, wenn Sie am hellichten Tag mit einem Cowboyhut oder einem Pickelhaubenhelm auf dem Kopf mit dem Bus zur Arbeit fahren. Haben Sie es mal versucht, in einem Bademantel über Ihrem Anzug oder Kleid abends in ein vornehmes Restaurant zu gehen? Das müssen Sie einmal versuchen! Der Ober wird sich möglicherweise nichts anmerken lassen, Ihnen würdevoll aus dem Bademantel helfen und ihn dezent auf einen Bügel hängen. Aber alle anderen Gäste werden reagieren, belustigt oder empört – je nachdem...

Nun gut, Sie haben keinen Mut dazu, sich in der Öffentlichkeit zu produzieren und sich dabei womöglich dem Spott der anderen preiszugeben. Das ist auch nicht nötig. Machen Sie's daheim im stillen Kämmerlein. Da können Sie vor dem Spiegel Grimassen schneiden, bis Ihnen sämtliche Gesichtszüge entgleisen. Keine Angst, sie entgleisen Ihnen nicht wirklich, und auch „das Gesicht bleibt nicht stehen", wie man uns als Kind glauben machen wollte. Es handelt sich hier ganz im Gegenteil um eine ausgezeichnete kosmetische Übung!

Und nun verändern Sie mutig Ihr Aussehen: Kämmen Sie Ihr Haar einmal völlig anders, machen Sie's klitschnaß. Setzen Sie sich mal verschiedene Brillen auf die Nase und verschiedene Hüte auf den Kopf. Kleben Sie sich ein Bärtchen an oder setzen Sie sich eine Perücke auf. Dazu noch der passende Hintergrund: Stellen Sie sich mit Taucherbrille und Harpune vor ein Aquarium oder mimen Sie vor Ihrer Hausbar einen total benebelten Zeitgenossen.

Glauben Sie uns: die Ideen kommen beim Probieren!

VERÄNDERE Dein Äußeres!

...und geh dabei ruhig
bis zum Äußersten!

Wie Brillen das Gesicht verändern:

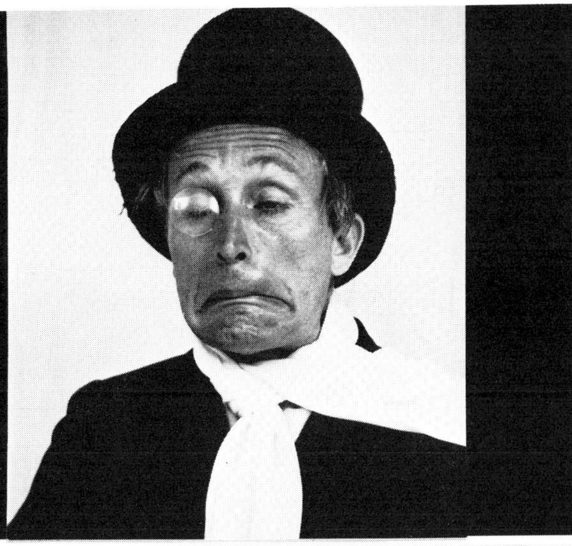

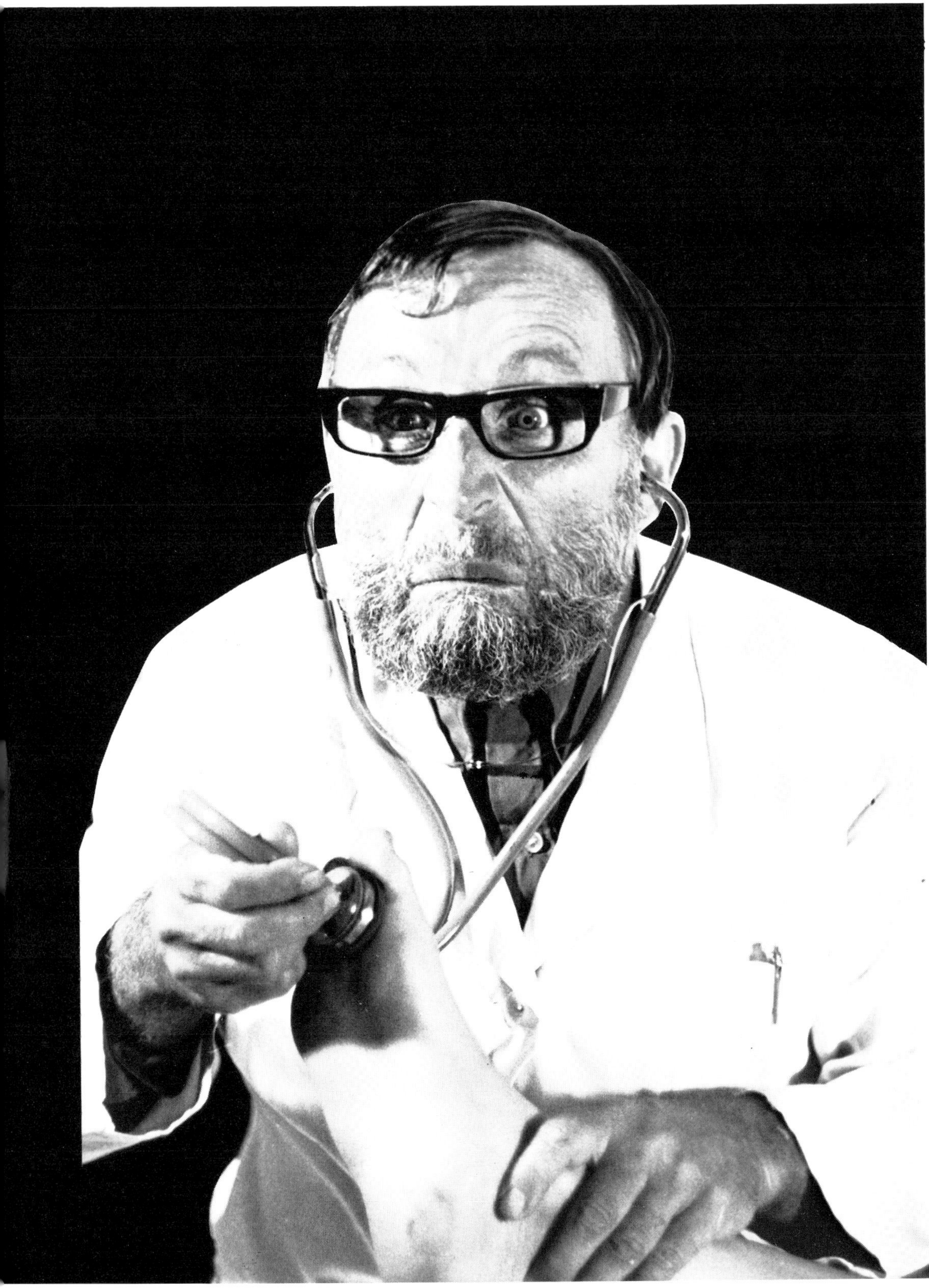

Der zu gute Tropfen

BART STUDIEN

VERSUCH'S MAL MIT MUSIK!

m.Dpf
cresc.
m. Dpf.
cresc.
cresc.
pp

Ausdruck als Mittel zur Selbstbefreiung

Im Zirkus des Lebens werden wir von Kindesbeinen an mehr oder weniger an der Longe geführt und auf Artigkeit dressiert. Wir werden zu Seiltänzern erzogen, immer darauf bedacht, bloß keinen Fehltritt zu begehen und um Gottes Willen keinem auf die Zehen zu treten. Gefühle dürfen, weil sie andere verletzen könnten, nicht gezeigt werden. So entwickeln die meisten von uns Ausdrucksblockaden. Man hat Angst so zu sein, wie man eigentlich ist. Aber wie ist man denn „eigentlich"? Viele wissen es leider schon gar nicht mehr...

Wie nötig hätten wir Menschen es doch, ab und zu ungestört „wir selbst" sein zu dürfen, oder wie es der Philosoph Usinger ausdrückt: einmal ungestört unsere Seele auszusingen! Man muß es einmal an sich selbst erlebt haben, wie erhebend, erlösend, ja reinigend es sein kann, wenn man unvermittelt in die Rolle eines übermütigen Koboldes schlüpft und dabei einen wilden Tanz oder ein völliges Ausgeflipptsein improvisiert. Einfach so, weil es einen überkommt. Weil man unreflektiert und ohne Rücksicht auf gesellschaftliche Schranken längst totgeglaubte Bedürfnisse spontan äußert. Weil man so sein enges, zwanghaftes „Verhaltenskorsett" endlich einmal sprengt. Emotion heißt wörtlich „Hinausbewegung". Und es ist keine Frage, daß hohe Gefühlsspannungen hinausbewegt werden müssen, wenn man seelisch gesund bleiben will. Aber genau das wurde bei uns häufig schon als Kind der „Wohlerzogenheit" geopfert. Innerseelische Ausdrucks- und Mitteilungsbedürfnisse wurden ignoriert und schon im Ansatz, im Keim erstickt. Damit haben wir wohl alle heute noch zu kämpfen: Gefühle frei zu zeigen. Irgendwie fällt es uns schwer, die Furcht zu überwinden, daß man sich mit seinen Gefühlsäußerungen blamiert, daß man verlacht wird, weil man es wagt, seine Gefühlsdynamik ungezwungen und unkompliziert zum Ausdruck zu bringen. Hier hilft nur eine Grenzüberschreitung, ein Sich-Hinwegsetzen über die engen gesellschaftlichen Grenzen und moralischen Tabus. Es ist einfach lebensnotwendig – im Sinne eines freien und erfüllten Lebens – daß man andere als die üblichen und konzessionierten Verhaltensmuster praktiziert. Und wodurch gelänge dies besser, als im übermütig quirligen Clownspiel ungebremst sein Inneres zu entäußern – in des tiefsten Ernstes Heiterkeit?

SATURDAYNIGHT-
FEVER

Die Sprache der Hände

MUT
...zur Hässlichkeit

TRAMPs
und
BLUMEN-
KINDER

„Sag mir, wo die Blumen sind."

Einmal mit Wonne aus seiner Tonne
zu gucken, sich in der Sonne aalen, nicht zu
bezahlen. Statt in die Röhre, aus der Röhre
schauen. Rosinen im Kopf haben,
Diogenes spielen. Was hält Sie davon ab?

in jedem steckt ein Lebenskünstler! *
*Das können Sie sich an den steifen Hut stecken!

Fotoanleitung zum Blödeln

Das ganze Buch ist im Grunde eine Handanleitung, eine Do-it-your-self-Methode für Leute mit Sinn für Unsinn. Alles, was Sie darin gesehen haben und noch sehen werden, ist die Verwandlung eines einzigen Menschen – eines Menschen wie Du und ich. Kein besonders schöner. Kein Filmstar und kein Bodybuilder. Nur ein übermütiger, fröhlicher Narr. Ein Komödiant. Ein Clown. – Er darf jederzeit ungestraft die ganze Welt auf den Kopf stellen, jedenfalls mit seinen Collagen und Fotomontagen.

Sie können das auch! Jeder kann auf seine Weise Clown sein. Zumindest als Fotobastler. Das einzige, was man für dieses etwas ausgefallene Hobby braucht, ist ein Fotoapparat. Und natürlich ein Gesicht. Aber wer hat das nicht? Allerdings glauben die meisten, sie hätten nur ein Gesicht, weil sie ihre anderen Gesichter noch gar nicht entdeckt haben. Man muß mal mit seinem Gesicht experimentieren und ohne Scheu ganz wilde Fratzen schneiden. Nur zu, die Gesichtshaut reißt bestimmt nicht...

Sagen Sie nicht, Sie wären künstlerisch unbegabt. Sie hätten kein Talent und keinen Humor. Fangen Sie einfach mal probeweise an. Dann kommen Fantasie und Gestaltungsfreude ganz von selbst. Also gleich frisch ans Werk: Suchen Sie alte Fotos von sich heraus, die Sie doppelt haben oder nicht mehr brauchen. Oder noch besser: knipsen Sie einen ganzen Film mit Selbstportraits voll, Fotos, auf denen Sie mit allen möglichen Kopfbedeckungen zu sehen sind. Schneiden Sie jetzt alle Köpfe, gleich welcher Größe, aus und legen Sie alles auf ein großes Tablett oder eine steife Pappe vor sich hin. Nun schnibbeln Sie kleinere und größere Menschen aus Illustrierten heraus, Politiker, Filmstars etc. Dann machen Sie kurzen Prozeß und schneiden allen den Kopf ab.

Vielleicht erinnern Sie sich noch, welchen Spaß Sie als Kind daran hatten, den Kopf eines Schupos auf den Körper einer Tänzerin oder eines Indianers zu schieben. Genau das Gleiche machen Sie nun mit Ihren eigenen Köpfen. Probieren Sie so lange, bis sich eine komische Wirkung ergibt, dadurch daß es „eigentlich" nicht zusammenpaßt. Bei Vorhandensein mehrerer gleicher oder ähnlicher Köpfe können Sie sich sogar in Zwillinge verwandeln...

11
12
1

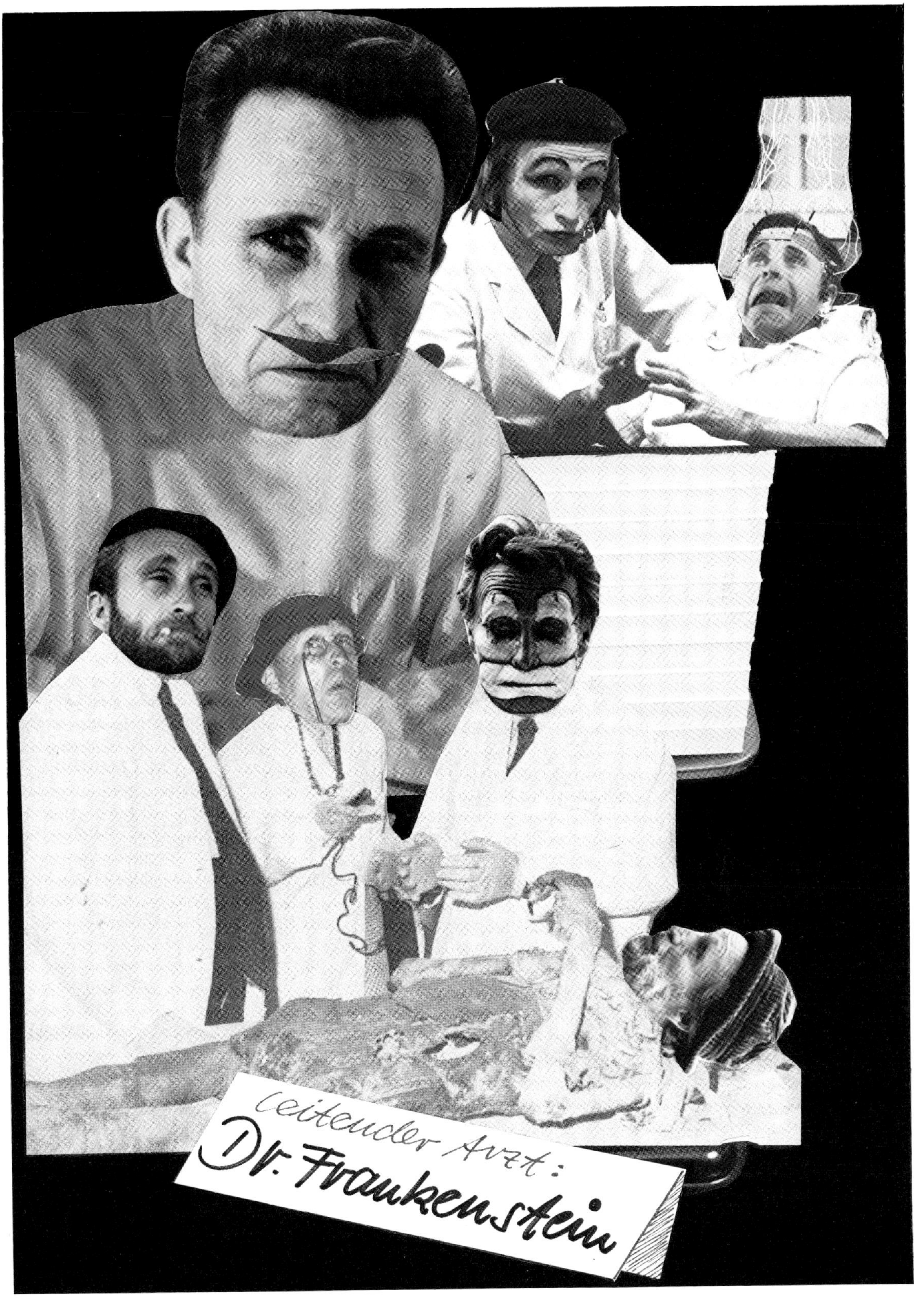
Leitender Arzt:
Dr. Frankenstein

NA 4876936 P
NE 9017722 G
NA 3455651 E
Banknote
HUNDERT DEUTSCHE MARK
DEUTSCHE BUNDESBANK
100
BUNDESREPUBLIK DEUTSCHLAND
PFENNIG

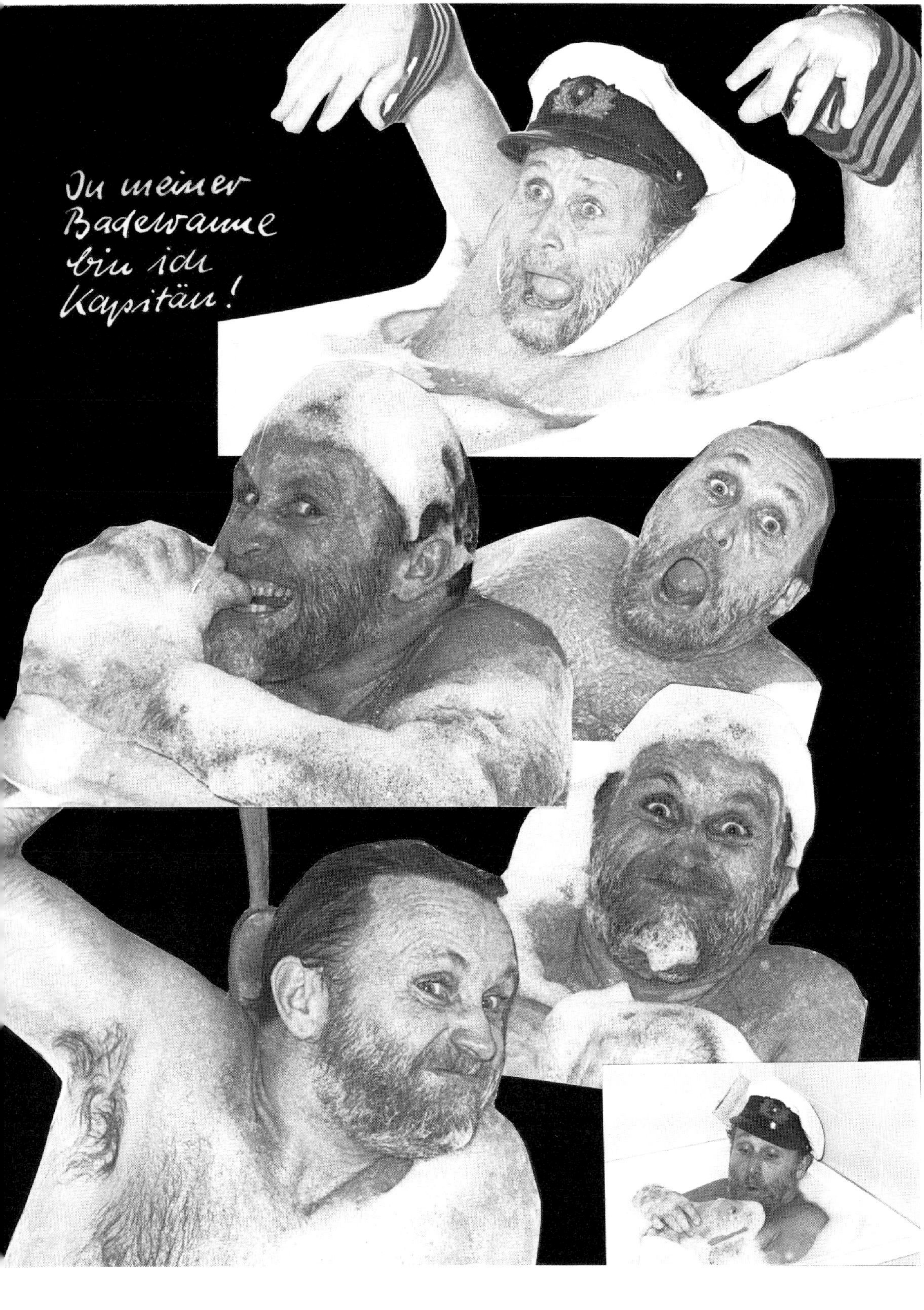
In meiner Badewanne bin ich Kapitän!

Erfüll dir deine Träume

Wunschträume gehören zum menschlichen Leben, weil sie es uns ermöglichen, die unbefriedigende Wirklichkeit in unserem Dasein zu korrigieren. Sie dienen aber ebenso der Verarbeitung unliebsamer Erlebnisse und inakzeptabler Tatsachen. Denn in unserer Fantasie vollziehen wir – ähnlich wie im Traum – mühelos jede Art des Rollentausches. So kann der kleine, unterdrückte Mann von der Straße in seinen Wunschträumen groß, stark und mächtig sein wie Tarzan, ein Kommissar oder ein Fabrikdirektor. Gerade wenn er in die Rolle seines Peinigers schlüpft, kann er in der Fantasie mit anderen so umspringen, wie er es selbst jahrelang erdulden mußte.
Sehnsüchte und Wunschträume tragen trotz allem auch ein Fünkchen Hoffnung auf Erfüllung in sich. Ohne solche Wunschvorstellungen wäre das Leben für viele auf die Dauer nicht zu verkraften. Genau wie der Humor, so schlagen auch unsere Träume Brücken zwischen der Lebensrealität, wie sie nun einmal ist, und den Idealen, mit denen das Leben so viel schöner sein könnte.

Der Clown schafft sich mit überschwenglicher Erfindungsgabe seine eigene Welt, in der er glücklich sein kann. Und jeder, der sucht, der findet im äußersten Winkel seines Herzens ein Stückchen dieses Koboldes, dessen Fantasien die tollsten Kapriolen schlagen und ihn bald Olympiasieger sein lassen, bald Miß World, bald Astronaut oder eine gefeierte Künstlerin. Da wird der Schüchterne zum Don Juan, der Schwache zum Karate-Kämpfer und der Häßliche zum Dreßman.

Erfüllen Sie sich selbst Ihre Wünsche. Schneiden Sie mit der Schere Ihren Kopf aus einem Foto und setzen Sie ihn jemandem anderen auf – dem Mann oder der Frau Ihrer Träume.

Erfüll Dir Deine Träume ...

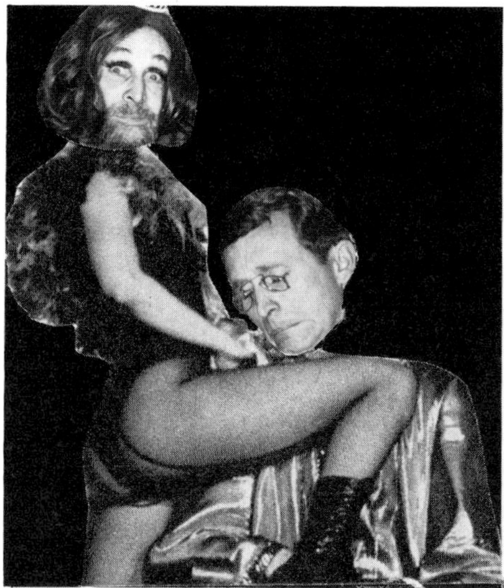

Einmal »Hahn im Korbe« sein!
Leichtes Spiel mit Mädchen

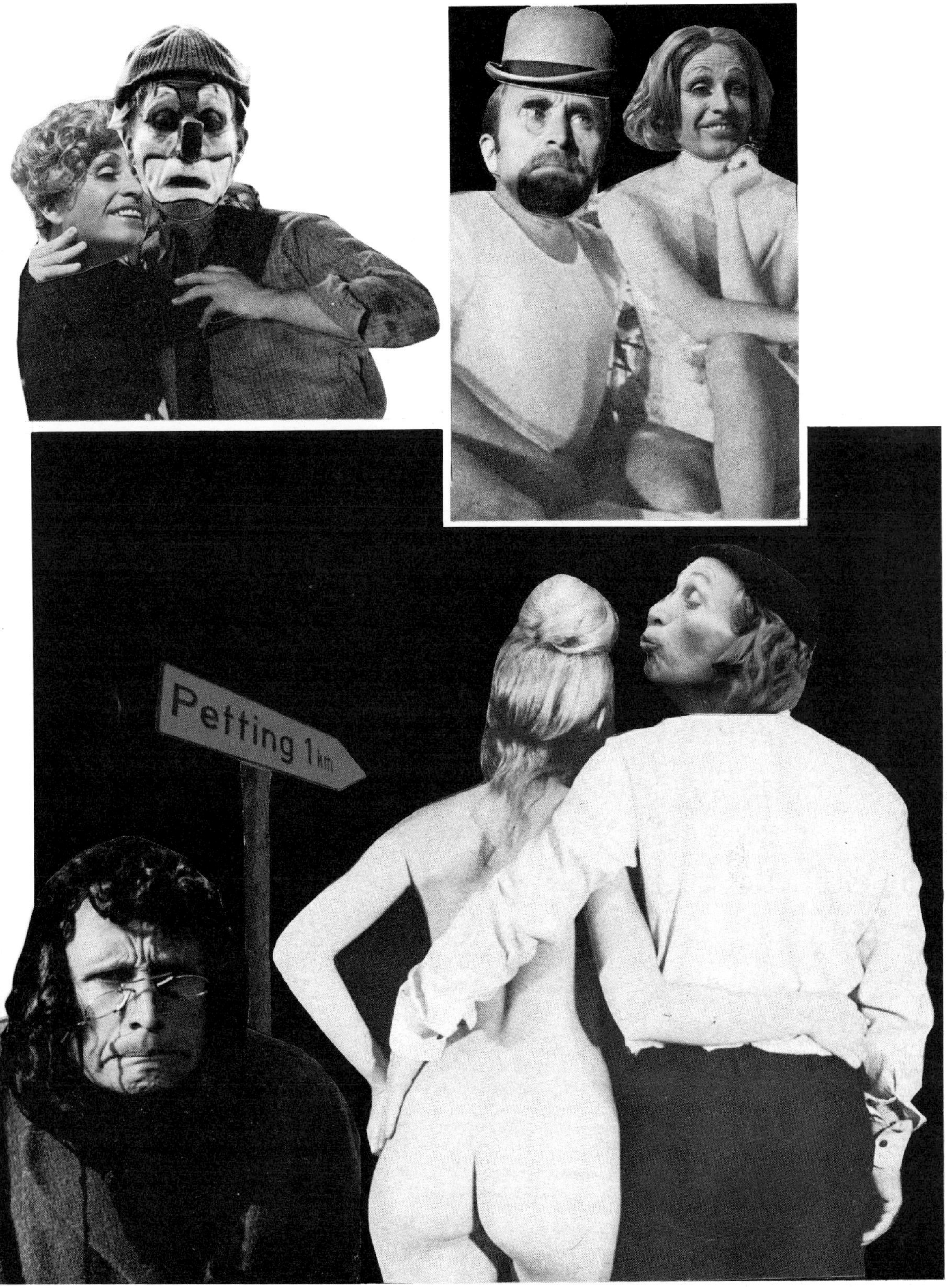
Petting 1 km

Als Sportskanon

Uniformen machen LEUTE...

nicht zu verwechseln mit Menschen.

CD

als Schauspieler im RAMPEN-LICHT

kombiniere
mmh...
peng

Napoleon nach der Einnahme von Aspirin

Außer Betrieb

Manege frei:

Die lustige Nummer im Raubtierkäfig mußte abgesetzt werden. Der Löwe hatte an dem Clown einen Narren gefressen!

SHOW-BUSINESS

1mal ABENTEUER

ErLEbEN!

... im Überlebensfalle auch öfter!

SING SING
NO PARKING

... als Revolverheld
IM WILDEN WESTEN

HEI'
NUN

Gesucht!
1000 Dollar
Belohnung

Die sanfte Rebellion des Clowns.

Der Clown begegnet der Welt, so tückisch, boshaft und feindlich sie ihm auch erscheinen mag, mit nie versiegendem Urvertrauen. Dabei besitzt er die beneidenswerte Fähigkeit, allen Miseren und Fußtritten des Schicksals zum Trotz immer noch und immer wieder an das Gute im Menschen zu glauben. Aus diesem kindlichen Glauben an das Gute und Schöne scheint er aber auch die Kraft zu schöpfen, um die Welt am Ende doch noch verändern zu können.

Der Clown zeigt uns den Weg, wie wir der Humorlosigkeit, Gefühlskälte und Kopflastigkeit unserer Zeit etwas mehr Herzenswärme und Menschlichkeit entgegensetzen können. Der Clown will die Welt, in der wir leben, aus ihrer eintönig grauen Nüchternheit und Sachlichkeit, aus ihrer erdrückenden Hoffnungslosigkeit befreien und ihr etwas schillernd Buntes, Blumiges, Sonniges zurückgeben, etwas unbekümmert Fröhliches und kindlich Spielerisches. Wir müssen wieder mehr Gefühlsbeziehungen untereinander aufbauen und auch die bisher Isolierten, am Rande des Lebens Stehenden mit in unser fröhlich beschwingtes Clownspiel einbeziehen.

Immer mehr von uns sollten sich anstecken lassen von der Lebensfreude und dem unerschütterlichen Optimismus des Clowns. Schauen wir ihn uns doch an, wie unvermittelt er seine Gefühle äußert. Daß er sich mit seinem ganzen Körper freuen, aber auch hemmungslos weinen kann, weil er um die seelisch befreiende und heilende Funktion der Tränen weiß. Folgen auch wir wieder, wie als Kind, der Stimme des Herzens und reihen wir uns ein in den ehrlichen und mutigen Protestmarsch der Clowns! Unterstützen wir ihre sanfte Rebellion gegen die Herzlosigkeit und Humorlosigkeit! Suchen wir nach dem Kind in uns, nach dem Clownischen in unserer Natur! Werden wir wieder einfach und unkompliziert – einfach so!

Erst wenn tausende und abertausende fröhliche Clowns unser Staßenbild umkrämpeln und mit ihrer lächelnden Revolution die Hektik und Betriebsamkeit zum Stillstand oder wenigstens einmal zum Anhalten, zum Nachdenken bringen, kann sich etwas verändern. Umweltveränderung muß bei uns selbst, im eigenen Herzen beginnen. Lernen wir wieder, beglückt und dankbar zu staunen. Es gibt so vieles auf dieser Welt, für das es sich lohnt zu leben.

DIE
SANFTE
REBELLION

Die bessre Welt

Die bessre Welt, von der wir immer träumen,
Ist keine Meile von hier entfernt,
Am Ende der Großstadt - hoch über Wiesen und Bäumen.
Doch wir, wir haben das Schauen verlernt.

Die bessre Welt beginnt in einer Stunde,
Gleich hinter dem letzten Stein am Feld:
Im tiefen, weichen Moos im Wiesengrunde,
Da gibt es sie noch, die bessere Welt.

Mit Geld läßt diese Welt sich nicht erschließen,
Es gibt kein Schlüssel-Passe-par-tout.
Die bessre Welt kann nur im Stillen sprießen,
Dem Lärmenden schlägt sie die Türe zu.

Die bessre Welt stirbt an so manchem Morgen.
Sie hält sich tagelang versteckt -
Im Lächeln irgendeines Clowns verborgen
Und wartet drauf, bis man sie weckt.

Was kann die bessre Welt für uns noch taugen?
Sie ist so fern und doch so nah.
Bisweilen strahlt sie aus den Kinderaugen,
Dann weiß ich: diese Welt ist da.

Sie lebt, statt irgendwo auf fernen Sternen,
In unserm Herzen, halb erdrückt.
Wir müssen wohl aufs Neue lieben lernen,
Dann ist die bessre Welt geglückt.